米小圈上学记

三年级

搞笑大王来啦

北猫 著

四川少年儿童出版社

闪亮登场

小圈妈
小圈爸
姜小牙
hǎo jìng
郝静
pān
潘美多
大牛
wèi
魏老师

目录

喵！

米小圈对你说

各位陪伴着我一起长大的小朋友，大家好。

告诉大家一个好消息，我米小圈已经上三年级了。顺便再告诉大家一个坏消息，我的个头儿却还是二年级的，呜呜。不知道为什么，我最近好像都没怎么长个儿。可是姜小牙和铁头他们却越长越高。

我怀疑我一辈子都不会再长高了。这件事让我足足苦恼了一个小时。

一个小时后，我又开心起来了。因为我觉得，就算我流了一夜的泪，第二天早上起来也不会因此而长高的，所以我为什么不开开心心的呢？况且这个世界上还有那么多好玩好吃的东西，电脑游戏、漫画书、冰激凌，还有足球。

我觉得吧，如果遇到坏事，你只苦恼一个小时，那么你还有一天的时间是快乐的。相反，你苦恼一整天，那么快乐的时间可能连一个小时都没有了。

我的好朋友们，你们觉得我说得有道理吗？

嘻嘻，其实根本没什么道理。

上了小学三年级，我才发现有一件事真的是可以苦恼一整天的。那就是写作文。

为了写好作文，被莫老师表扬一下，我找到了一位巨帅巨有才华的作家——北猫叔叔，向他请教。

（北猫叔叔：夸得我好舒服。米小圈，算我没看错人，选你当男 1 号是无比正确的。）

北猫叔叔告诉我，坚持写日记，把你观察到的、感受到的都积累在日记里，用不了多久，就可以写出精彩的作文啦。

原来写作文这么简单呀！本来我就喜欢写日记，如果能因此而写好作文，那我就真的可以开心一整天了。

好啦，我的朋友们，我米小圈写日记的时间又到了，不能再陪大家聊天了。

对了，你今天的日记写了吗？如果没写，快快和我一起动笔吧。886……

米小圈

姜小牙的倒霉日

3月1日 星期二

新学期又开始了。想不到我米小圈上学期居然考了全班第三名。我终于被魏老师**刮目相看**了一回。

特别是我的同桌徐豆豆，说这学期开始要天天向我学习。

好吧，看在同桌的分儿上，我帮助她就是了。

我**慷慨**地说："徐豆豆，你是想让我帮你补习数学呢，还是英语？"

徐豆豆不好意思地说："补习就不用了，以后你每天把作业借我看看就行。"

徐豆豆啊，不是我说你，你什么时候能自己写作业，也就不至于考倒数第三名了。

今天，我的旧同桌李黎走到我的面前，说："米小圈，想不到你上学期走了狗屎运，**居然**考了第三名。"

我听完差点儿没气死，什么叫狗屎运呀，这叫实力。对了，上学期李黎才考了第五名，嘻嘻，她一定是在嫉妒我。一定是。

我对李黎说："李黎，你想不到的事还多着呢。我这学期要考全班第一名。"

"少吹牛了你，我就是要**提醒**你，别得意，我这学期要超过你，你走着瞧吧。"李黎很不服气地走了。

哼！我这学期一定要考全班第一，这样我就可以成为全班最受欢迎的男生了。

今天的数学课，班主任魏老师领着一个男生走了进来。

魏老师向同学们介绍：“同学们，这学期咱们班又转来了一位新同学，他的名字叫……”

只听姜小牙在后面大叫道：“何伟！居然是你？”

何伟也指着姜小牙说：“小铲子，怎么是你？”

原来姜小牙的外号叫小铲子呀，“哈哈哈哈……”同学们一听都笑了起来。

魏老师**批评**道：“好啦，大家都不要笑了。姜小牙，我问你，你喊什么喊，就算你认识这位新同学，也没必要这么大声呀。”

我觉得魏老师批评得很有道理。课前我喝了好多的水，刚要去上厕所就打上课铃了。结果姜小牙这么一喊，差点儿把我吓尿了。

姜小牙低下头：“老师，我错了。”

谁知何伟却说：“老师，你就**原谅**小铲子，啊不！你就原谅姜小牙吧，他在幼儿园时就是这样不懂**礼貌**。”

姜小牙又一次大喊道：“你说什么，你才没礼貌呢。”

姜小牙啊，我觉得你就是没礼貌。你老是一惊一乍的，你看！呜呜，我裤子都湿了。

魏老师更生气了：“姜小牙，你拿着书包到最后一排去坐。何伟同学，你到姜小牙那个**位置**去坐吧。”

姜小牙赶快求魏老师：“老师，我求你了，千万不要给我换座位呀。”

魏老师对姜小牙说：“什么时候你不大喊大叫了，我就给你换回来。”

姜小牙伤心地拿着书包，默默地坐到了最后一排垃圾桶的旁边，离开了他最心爱的同桌，我们班最漂亮的女孩儿潘美多。

不是冤家不聚头

3月2日 星期三

昨天吃晚饭的时候，我把尿裤子的事告诉老爸老妈，他俩差点儿**笑喷了**。

老爸说：“米小圈，你胆子怎么这么小啊。不就是姜小牙喊了两嗓子吗？”

“老爸，姜小牙喊的声音很大，而且很突然。他看见何伟就像……就像恶狗看见了骨头一样。”

老妈问道：“那姜小牙以前在班里也是这样**大喊大叫**吗？”

“以前哪敢呀，要是以前也这么喊，魏老师早就把他扔到学校外面去了。”

对呀！我怎么没想到，姜小牙今天很**反常**，他和那个何伟之间一定有什么事。

我**急忙**给姜小牙打了个电话，姜小牙却在电话那端哭了。

姜小牙边哭边说："米小圈，你是我这辈子第一个好朋友，可是我们以后不能一起上学了。"

"为什么？"

"因为坏人何伟来了，我已经跟我爸爸说好了，我要转学，转到其他学校去。"

姜小牙告诉我，何伟就是他总提起的在幼儿园时的死对头。

不知道为什么，幼儿园时，何伟总是跟姜小牙作对。什么事情姜小牙说东，何伟偏要说西。姜小牙说对，何伟一定要说是错的。

因为姜小牙的牙很大，所以坏人何伟就给姜小牙起了一个外号叫“小铲子”。何伟总是带头**嘲笑**姜小牙的大门牙，弄得他在小朋友面前抬不起头来。

最可恶的是，何伟不允许幼儿园的小朋友跟姜小牙玩。**导致**姜小牙上了几年幼儿园，一个好朋友都没有。

哼！这个何伟真是太**过分**了，要是我在幼儿园一个好朋友都没有，一定难过死了。身为姜小牙的好朋友，我绝对不会放过何伟这个坏小子。

被冷落的滋味

3月3日 星期四

今天，我早早来到学校，把何伟对姜小牙做过的坏事讲给铁头听。

铁头气坏了：“哼！这个何伟太坏了，我要用我的大脑袋把他**撞飞**。”

“等一等，铁头。如果你把他撞飞了，魏老师是不会放过你的。”

铁头摸了摸自己的大脑袋：“那怎么办呢？我们总不能看着姜小牙被何伟**欺负**吧？”

我说：“我已经想到了一个好办法，我们要让他尝尝

被冷落的滋味。”

铁头兴奋起来：“你的意思是说，让咱们班的同学都不跟他玩？”

“没错，我们先去发动自己的同桌。”

“好，就这么办。”

铁头跟他的同桌郝静说：“郝静，你是不是我的好同桌？”

郝静低下头，从嘴里蹦出一句：“是呀。”

铁头说：“那就行了，以后你不可以跟新来的那个何伟说话。”

“我本来就不爱说话呀。”郝静是个特别安静的女孩儿，所以很简单地就答应了铁头的要求。

姜小牙也来到他的同桌面前，当然姜小牙现在的同桌是班级的垃圾桶。

姜小牙对垃圾桶说：“同桌呀同桌，何伟是个坏人，你绝对不能跟他一起玩，知道吗？”

垃圾桶没有回答姜小牙，估计它是同意了。姜小牙居然跟垃圾桶对话，他肯定是被何伟气疯了。

这下轮到我了。

我指着远处的何伟，对徐豆豆说："同桌，你看到那个新来的同学了吗？"

"看到了呀，就是那个挺帅的男生吧。"

"什么？挺帅的男生？哼！这也叫帅，那我岂不是大帅特帅啦。"

"呵呵呵呵……米小圈，你长得叫衰，不叫帅，好不好？"

可恶的徐豆豆，居然这么贬低我。

我愤怒地说："徐豆豆，你居然这么贬低自己的同桌，以后我再也不跟你玩了，再也不把作业借给你了。"

徐豆豆一听，赶快承认错误："好吧好吧，你最帅，还不行吗？"

对了，我差点儿把正事忘了，我接着说："徐豆豆，身为我的同桌，我要求你不许跟何伟一起玩，更不能跟他说话。"

"为什么？"

"没有为什么，总之，你不许理他，否则我就不认你这个同桌。"

"好吧，不过你要把今天的作业借我看看。"

我本来不想借，不过为了给姜小牙报仇，借就借吧。

我们的同桌都已经搞定了，我们又去拉拢其他同学不跟何伟玩。

我正在说服车驰时，谁知何伟却偷偷凑了过来。

何伟生气地说："米小圈，你什么意思呀？为什么不让同学跟我玩。"

我**理直气壮**地说："因为你是一个坏人，一个老欺负姜小牙的坏人。"

何伟终于明白了："啊！原来是这样呀。你是要帮姜小牙报仇是吧？"

"没错！让你也尝尝被人**冷落**的滋味。"

何伟气呼呼地说："哼！话不要说得太早，谁被冷落还不一定呢。我何伟一直是最受同学欢迎的，不出一个星期，我就让咱们班的同学都不理姜小牙，你信不信？"

“哼！当然不信，用不了一个星期，我们班已经没人理你了。”

“好吧，那咱们走着瞧！”

“走着瞧就走着瞧。”

我才是搞笑大王

3月7日 星期一

几天的时间，已经有十几位同学答应我们不理何伟了。我想用不了多久，何伟就会被全班同学冷落了。

说不定，他一生气，就转到其他班去了，这样以后就再也没有人**欺负**姜小牙了。

可今天,我来到学校的时候,一切都出乎了我的意料。

姜小牙的死对头何伟正在给大家讲笑话。一群小孩儿围住了何伟，其中居然就有铁头。铁头也太不讲义气了。哼！我米小圈可是笑话大王呀，我凑过去听了听。

何伟**滔滔不绝**地说：“有一天，小鸡问大鹅：‘主人干什么去了？’大鹅回答：‘主人去采蘑菇了。’大鹅刚说完，小鸡**撒腿就跑**。你们知道小鸡为什么要跑吗？”

铁头摸着自己又笨又大的脑袋问：“为什么？为什么？”

“因为它怕主人回来做小鸡炖蘑菇。”

“哈哈哈哈……”教室里的同学都乐了，只有我没有乐。

铁头看见我来了，赶快把我拉过来：“米小圈，你也讲一个吧。”

“哼！讲就讲。小明新理了头发，第二天来到学校，同学们看到他的**新发型**，笑道：‘小明，你的头型好像个风筝呀。’小明觉得很委屈，就跑到外面哭。哭着哭着，你们猜怎么着？”

“怎么着？”大家问。

“哭着哭着，小明就飞起来了呗。哈哈哈哈哈哈，怎么样？好玩吧。哭着哭着飞起来了，哈哈哈哈哈哈哈……”

这个笑话太好笑了，我自己差点儿就笑**抽筋**了，可再看同学们，大家呆呆地看着我，没有一个笑的。

这时何伟说：“从前，有个同学讲了一个笑话，结果大家就都冻住了，大家知道为什么吗？”

“知道，因为他讲的是个冷笑话。”

“这个人就是米小圈。”

我赶紧说：“刚才的不算，我再来讲一个。”

铁头赶快阻止我：“算了吧，米小圈，你讲的笑话好冷呀，我们还是听何伟讲笑话吧。”

呜呜，帮姜小牙**报仇**失败。铁头！不是说好不理何伟吗？你到底还是不是姜小牙的好朋友呀。

铁头，全靠你了

3月9日 星期三

铁头这家伙，太不够意思了。何伟是姜小牙的死对头，他**居然**还跑去听何伟讲笑话。

铁头不服气："我只是觉得何伟讲的笑话很可乐。"

我说："铁头，你过去不是一直说我是笑话大王吗？"

铁头说："米小圈，我们是好朋友，一辈子的好朋友，我告诉你实话吧。同学们都说，你之所以叫**笑话大王**，是因为你本身就是个笑话。"

"什么？铁头，你的意思是说，他们都在笑话我？把我当成笑话了？"

“大概是这样的。”

姜小牙也来到了教室。当他得知铁头跑去听何伟讲笑话后，和我的反应一样，决定再也不理铁头了。

铁头说：“你们误会了，我之所以听何伟的笑话是想更了解他，这样我们才能找到他的**弱点**，击败他。”

“哼！谁信呀。你去跟何伟做朋友吧，我们不理你了。”

“不要呀！我错了还不行吗？我再也不听何伟讲笑话了。”

铁头**承认**了自己的错误，呵！这才是我们的朋友嘛。

姜小牙难过地说："可就算是不听笑话也没用，何伟一定会想尽办法让我在同学面前出丑的，我还是转学算了。"

铁头急了："姜小牙，我不让你走，我可以保护你。"

我也很着急地说："姜小牙，你不要走，不管怎样，我和铁头绝对会站在你这边。"

姜小牙说："真的？"

"当然是真的。我们不光不让何伟欺负你，我们还要替你报仇。"

"替我报仇？怎么报？"

我说："看来我讲笑话是讲不过何伟了。不过，我们还有铁头呀。"

铁头摸着自己的大脑袋说："我这么笨，我怎么帮姜小牙报仇呀？"

我说："铁头，你可是武林高手呀，你的少林长拳天下无敌。”

铁头说：“我明白啦！你的意思是让我去把何伟揍扁。这个不行啊，我要是敢打他，我爸爸就得把我揍扁了。”

我说：“不是让你去打他，我们要以德服人。你去跟何伟比武，然后让他见识下你的少林长拳，吓唬吓唬他。”

这个主意真不错。

铁头来到何伟面前，对他说：“何伟，我们比一比武功好不好？”

何伟兴奋极了：“太好了，我最喜欢看武侠片了。”

体育课**自由活动**的时候，铁头跟何伟比起了武功。全班同学都围了过来。

何伟说："铁头，咱们比武可以，但不可以下手太重，否则老师一定会批评我们的。"

呵呵，看来这个何伟也怕了铁头了。

比武开始！

铁头打出了师傅教给他的少林长拳。

铁头**用尽全力**向何伟打去。只听见一声惨叫，铁头被何伟一下子摔飞了。

何伟赶紧跑过来，搀起铁头："铁头，对不起！对不起！都是我不好，你可千万别告老师。"

铁头摸了摸自己的大脑袋："好疼啊！你武功怎么这么厉害呀？"

后来，我们才知道，何伟练了四年的**跆拳道**。

呜呜，铁头，你受苦了。

好吧，我承认，比武功，我们又失败了。

不过，身为好朋友的我，是绝对不会放过何伟的。

我要比劳动

3 月 15 日 星期二

自从比武输给了何伟以后，铁头就变得很**郁闷**。

被铁头奉为打遍天下无敌手的少林长拳，却被跆拳道轻易打败了。这让铁头一时很难接受。

我赶快安慰铁头："铁头，不是哪种武功更厉害，而是因为你才练了一年，何伟都练了四年了。这就像一个一年级的学生和四年级的大哥哥比学习。一年级的不会四年级的数学题，你能说他学习差吗？"

铁头突然笑了："米小圈，你的意思是我学习并不差？"

晕，我这些话都白说了，铁头完全没理解我的意思。

我又说："你学习确实很差，但是我觉得你在练武功这方面很有天赋，所以一定不要气馁，早晚能打败何伟。"

铁头难过地说："可是我练两年，何伟就等于练了五年；我练三年，何伟就等于练了六年。我什么时候能帮姜小牙报仇呀？"

铁头说得也有道理。看来指望铁头在武功上打败何伟是不可能了。我灵机一动，又想出了一个新点子。

我和铁头赶紧找到姜小牙："姜小牙，我有办法了，这次咱们一定能战胜何伟。"

“真的？什么办法？”

“你知道魏老师最讨厌什么样的学生吗？”

姜小牙说：“最讨厌上课说小话的学生？”

铁头说：“最讨厌迟到的学生？”

“都不对！其实魏老师最讨厌的是不讲卫生的学生，到处扔**垃圾**的学生。如果我们给何伟的椅子下，搞点儿垃圾，那么……”

姜小牙笑了起来：“那么魏老师一定会批评他。”

铁头大笑道：“那么姜小牙的仇就报了。”

我们的机会要用我们自己的双手去**创造**。数学课下课后，铁头找到何伟，假装要向何伟请教武功，把何伟支开了。

姜小牙偷偷拿了一把碎纸片，走到潘美多身边："老同桌，上节课我有一道数学题没听懂，你能给我讲一讲吗？"

潘美多瞪了姜小牙一眼，说："姜小牙，你真**无聊**。"

"我怎么了？不就是向你请教一道数学题吗？"姜小牙没明白，自己到底哪里说错了。

"上节是美术课，哪来的什么数学题呀？"

姜小牙这家伙可真笨，**撒谎**都不会。

姜小牙赶快改口："那个那个，我是说昨天的数学作业，我有一道题不会做，想向你请教。"

"看在老同桌的分儿上，好吧。"

姜小牙坐在了何伟的椅子上，听潘美多讲数学题。同

时，把手里的碎纸片扔到了何伟的椅子下面。大功告成！

潘美多才讲了一半，姜小牙就乐呵呵地跑了。气得潘美多发誓，再也不给姜小牙讲数学题了。

我们正在幻想，魏老师看到何伟椅子下的碎纸片会是什么反应的时候。何伟却先一步回来了，而且看到了碎纸片。

本以为何伟会问，这是哪个讨厌鬼弄的？可没想到的是，何伟二话没说，拿起班级的扫帚把碎纸片扫了。

就在这时，魏老师出现了。看见了何伟下课主动扫垃圾的这一幕。

呜呜，魏老师当着全班同学的面**表扬**了何伟，夸他是爱劳动的好少年。

我想，这一次我们又失败了。

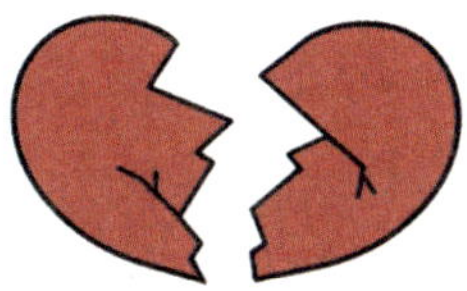

我要比学习

3月18日　星期五

最近这几天，爱劳动的好少年何伟越来越受到同学们的欢迎。相比之下，姜小牙却越来越**难过**。

上幼儿园的时候，何伟就处处喜欢和姜小牙比，姜小牙却没有一样比得过何伟的。

身为好朋友的铁头和我决定继续帮助姜小牙。

我说：“何伟武功这么好，讲笑话这么好笑，这**说明**什么，你们知道吗？”

铁头问：“说明什么？”

“说明他学习一定很差。”

姜小牙说：“我记得上幼儿园时，何伟学习很好的。”

我说：“人是会变的，幼儿园能看出什么来。就说我吧，幼儿园的时候总是被女生**欺负**，可是你们看我现在呢？”

铁头说：“米小圈，你现在好像也总被女生欺负呀。”

好吧，我承认，我到现在也没**摆脱**女生的魔爪。不过，你看我现在的学习不是有很大进步吗？所以我们要在学习上胜过何伟。魏老师不喜欢学习差的同学，我们要让何伟出出丑。

机会说来就来了！数学课的时候，魏老师出了一道**超难**的数学题。问哪位同学能做出来。

我偷偷在底下喊道：“何伟会做。”

不曾想，我这么一喊被魏老师发现了。

魏老师说：“是谁在下面起哄？”

徐豆豆第一个站出来，指着我：“老师，是米小圈。”

可恶的徐豆豆，她以前从来不向老师告我的。自从这个何伟来了，她就处处向着何伟，和我作对。

魏老师说："米小圈，不许在下面起哄，你来答这道题。"

什么？让我来答？哈哈哈哈，魏老师，咱可是全班第三名呀，你以为这道题能难得住我吗？可是我光顾着让何伟出丑的事了，根本没思考这道题。我想来想去，也没做出来。

魏老师又问："哪位同学能做出来？"

这时，又一个同学喊道："何伟。"

魏老师更生气了："又是谁在起哄？"

何伟站了起来："老师，是我自己说的。我刚才想了一下，这道题其实可以用三种算法来做。"

魏老师："好，那你上来，把三种算法都写出来。"

何伟走上讲台，在黑板上写了起来，写了满满一黑板。

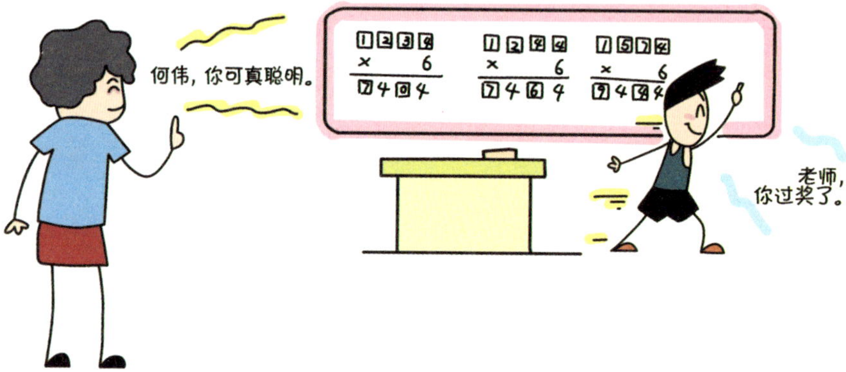

想不到啊想不到，何伟这小子学习这么好，连我们班学习最好的车驰都没想出三种算法来。

魏老师**表扬**道："同学们，我们平时在学习的时候，就应该养成举一反三的好习惯。这样才可以把知识吃透，大家要多向何伟同学学习。"

我看见姜小牙的眼底泛起了泪花，我知道，我们又一次败给了何伟。

最受欢迎的男生

3月21日 星期一

如果说，我们在学习上败给了何伟，还不可怕。最可怕的是，何伟通过这次表现，成为了我们班最受欢迎的男生。不！他已经成为了我们班所有女生的偶像。

特别是我的同桌，徐豆豆。

过去，我说一徐豆豆从不说二；我说个笑话，还没开始说，她就已经笑**抽筋**了。可是现在呢？我说什么，她都不听。

今天，我在徐豆豆的本子上画了一只小鸭子，徐豆豆却发火了。

徐豆豆生气地说："米小圈，你居然在我本子上画画，你可真够**讨厌**的。"

"同桌，你也可以在我本子上画呀。"

“我才没你这么无聊呢。”

“我**无聊**？你以前不是一直这样吗？”

“米小圈，你应该多向何伟学习，不要整天闹来闹去的。”

“什么？要我向那个坏人学习？没门！”

徐豆豆说：“何伟才不是坏人呢，他是我学习的榜样。”

如果说，徐豆豆被何伟**征服**了，也倒无所谓。因为我本来就不喜欢这个同桌。

可是就连姜小牙的同桌潘美多都被何伟迷住了。

我想，姜小牙一定伤心死了，他肯定要转学了。

三结义

3月23日 星期三

不出我和铁头的**意料**，姜小牙这次彻底伤心了。他爸爸已经给他找好了一家私立学校，下周就要办转学手续了。

呜呜，从此以后，我们就再也不能和姜小牙一起上

学了。我和铁头都难过得哭了。

何伟听到这个消息后，**得意**极了。

何伟来到姜小牙面前，说：“呵呵，姜小牙，你这个胆小鬼。怎么了，我一来你就要转学了？”

姜小牙生气地说：“哼！我要去**贵族学校**上学了，才不和你做同学呢。”

何伟故意气姜小牙：“这太好了，你的同桌已经归我了，以后你的朋友也归我了。”

姜小牙听到这句话差点儿哭了。

姜小牙把我和铁头叫到一边，对我们说："米小圈、铁头，你们会不会忘记我？"

"怎么会呢？你姜小牙是我们**一辈子**的好朋友。"

姜小牙又问："你们会不会和何伟做朋友？"

我说："绝对不会，我们不会和坏人做朋友的。"

铁头补充道："听他讲笑话没事吧？"

姜小牙生气了："那也不行。"

姜小牙要我们发誓，不！姜小牙说："我们结拜吧。就像'三国'中的桃园三结义。"

"好啊。"我和铁头举双手赞成。

我们来到学校的一棵树下，虽然这棵树不是桃树。

我们买了一个冰激凌，一人咬了一口，就成了结拜兄弟。

铁头说："我们还没**发誓**呢。"

"是呀，可是怎么发誓呢？"

铁头说："就发誓不求同年同月同日生，但求同年同月同日死。"

我们一起死？姜小牙和我都不同意。

姜小牙说："我们就发誓，这辈子都不跟何伟一起玩，否则就再也没有冰激凌吃。"

我觉得姜小牙这个誓也太毒了吧，如果不让我吃冰激凌，我就不活了。

没办法，谁让我们是好朋友呢。我们三个只好一起发誓："我米小圈、姜小牙、铁头三人今天结拜为兄弟，不求同年同月同日生，但求同年同月同日吃冰激凌。如果我们其中谁跟何伟一起玩，就**诅咒**他再也吃不到冰激凌。"

虚惊一场

3月25日 星期五

何伟今天又在班级讲起了笑话。铁头忍不住想过去听一听，却被我拽走了。

我批评道：“铁头，你忘记你发过誓了吗？”

“没忘记呀，可是何伟讲的笑话真的很好笑，我的耳朵忍不住想过去听一听。”

“难道你一辈子不想吃冰激凌了吗？”

铁头摸摸自己的**脑袋**，说：“我当然想吃冰激凌呀，可是我怕不小心会听到。”

我想出一个办法，用**纸团**把铁头的耳朵堵了起来，这

样他就听不到了。

今天是姜小牙在我们班的最后一天课。所以他听得**格外**认真，还主动回答了一道数学题。

魏老师特意表扬了姜小牙："姜小牙，你今天的表现真不错。老师平时对你很严厉，都是为了让你成才。希望以后你到了其他学校，也能像今天上课一样。"

魏老师越说我们越**难过**，要不是这几天哭得太多了，我就流眼泪了。

谁知这时，何伟却举起手来，说道："魏老师，姜小牙走了以后，我想到他的**位置**去坐。"

"何伟，你说什么？"姜小牙又大喊起来。

魏老师赶紧批评姜小牙："姜小牙，你怎么老是一惊一乍的，到了新学校，一定要把这个毛病改掉。"

"嗯，老师，我错了。"

何伟继续说："魏老师，我个子太高了，总是挡着后面的同学，我想到最后一排去坐。"

魏老师表扬道："何伟，你真是个懂事的孩子，会为别人**考虑**。好吧，姜小牙走后，你就搬到他那儿去。"

潘美多一听，哭了起来。

姜小牙赶快举手："等一等，老师。那谁和潘美多一桌呀？"

魏老师说："那就再找一个同学呗。"

姜小牙说："找我行不行啊？"

魏老师纳闷："你不是要**转学**吗？"

"魏老师，你要是让我和潘美多一桌，我就不转学了。"

"这个倒是没问题啊，可是你转学到底是为了什么呀？"

魏老师**爽快**地同意了姜小牙的请求，又让他和潘美多一桌了。姜小牙当即决定，不转学了。

可是我和铁头整整哭了三天，姜小牙都没有为我们留下来。老师刚一答应他和潘美多一桌，他马上就留下来了。

姜小牙，你也太**不够意思**了吧。

一场足球赛

3月26日 星期六

今天，姜小牙的心情非常好。因为他又可以和漂亮的潘美多做同桌了。虽然潘美多并不**乐意**，但姜小牙才不管那么多呢。

一大早，姜小牙就找到我和铁头，邀我们一起去踢足球。

我是很喜欢踢足球的，于是很爽快地答应了下来。铁头却并不喜欢足球，他更喜欢的是和女孩儿**跳皮筋**。

姜小牙还约了车驰和张爽，我们几个一起来到学校的足球场。几个高年级的同学正在踢足球。

姜小牙走过去说：“哥哥，带我们一起玩？好不好？”

几个高年级的同学大笑起来：“你们几个小孩儿也会**踢足球**？你们还是跳皮筋去吧。哈哈哈哈……”

“好啊，好啊，我们去跳皮筋吧。”铁头接着说。

“铁头，住嘴！”

这几个家伙真是**瞧不起**人。高年级有什么了不起的，也不一定比我们踢得好嘛。

于是我们约定，我们几个低年级的学生和高年级的学生来一场五人制足球赛。

我和姜小牙做**前锋**，车驰和张爽做后卫，铁头是守门员。

比赛开始！

铁头将球传到了车驰的脚下，车驰又把足球传给我，可是高年级的学生身体比我们壮，我的球一下子就被抢走了。

这位高年级的学生起脚射门。完了！球进了。完了吗？原来还没完，守门员铁头用他的大脑袋挡住了足球。

之后，高年级的学生连续踢了好几脚，都被铁头的大脑袋挡了出来。

哈哈！铁头你太牛了。我爱你！

铁头说："牛什么牛呀，我的脸好疼呀。"

这时，我们的机会来了。铁头再次用大脑袋挡住了足球，足球正好落在张爽的脚下。张爽直接把球传给姜小牙，姜小牙做了一个**假动作**，又把足球传给了我。

我接到球，想起了肌肉老师教我们的踢球**技巧**。用尽全力一脚将足球踢进了球门。

哈哈哈哈……我们进球了，比分1比0。我们几个小孩儿，抱在一起**欢呼**起来。

高年级的同学正准备发球，可是我们几个小孩儿却跑开了。

“哈哈，我们赢了，不玩啦。”

“我们去吃冰激凌。”

“没错。”

魏老师对我们说过，**见好就收**。我觉得她说得有道理。

伤心的同桌

3月28日 星期一

何伟已经搬到了**垃圾桶**旁边，可是他却一点儿也不难过，又在垃圾桶旁边讲起了笑话。可恶的是，铁头正在听笑话。

姜小牙走到铁头旁边，生气地说：“铁头，你难道忘记我们的**誓言**了吗？”

铁头说：“姜小牙，你又没转学，这个誓言就不算数了吧。”

我走过来说：“那怎么行！我们可是桃园三结义的好兄弟呀。”

铁头只好**沮丧**地回到座位上，捂住耳朵，尽量不听何伟的笑话。

姜小牙坐到了潘美多的旁边，拿出了一本精美的笔记本。

姜小牙把笔记本递给潘美多：“同桌，这个本子是我送给你的。”

潘美多接过本子高兴极了：“哇！好漂亮的笔记本呀，真的是送给我的？”

“那当然，谁叫我们是好同桌呢。”

结果，下课后潘美多跑到何伟的位置向他请教数学题，并把**精美**的笔记本送给了何伟。

姜小牙很伤心，不过我就**无所谓**。你看我的同桌徐豆豆总是向何伟请教数学题，我却一点儿都不难过。

今天，徐豆豆刚刚向何伟请教完数学题，回到座位上对我说："米小圈，我要换座了。"

"换座？呵呵，这太好了。你换到哪里去呀？"

徐豆豆说："我要换到最后一排，和何伟做同桌。"

"何伟的旁边不是垃圾桶吗？"

徐豆豆笑着说："是呀，我把垃圾桶搬到你旁边，以后你就跟垃圾桶做同桌吧。"

什么？徐豆豆，你可**真够坏**的。

还好，魏老师并没有同意徐豆豆的请求。我也没有和垃圾桶做同桌。

愚人节不快乐

4月1日 星期五

今天是4月1日，我们小孩子最喜欢的**愚人节**。

老妈说：“米小圈，你最喜欢的不是儿童节吗？为什么会喜欢愚人节呢？”

老妈永远不会懂，一个小孩子说谎却不会被大人批评是一件多么值得开心的事。

我**高高兴兴**地来到学校，却发现姜小牙并不高兴。

姜小牙说：“我的同桌潘美多，一点儿都不愿意理我，全都是因为那个何伟。”

“又是因为这个何伟？”我突然想到了一个好办法，

“姜小牙，今天可是愚人节呀。”

姜小牙问：“愚人节怎么了？”

我说：“我们可以捉弄一下何伟呀。就算他告老师都不怕，谁让今天是愚人节呢。”

“好主意！”

可是该弄些什么事，捉弄何伟呢？这是一个**令人头疼**的问题。

铁头一下子想到了：“我有办法了，你们可真够笨的，还是我最**聪明**。”

铁头来到何伟面前，说：“何伟，老师让你去办公室一趟，说找你有事。”

何伟赶紧站起来：“真的吗？”

铁头拍着**胸脯**说：“当然是真的，而且很着急，你还是赶紧去吧。”

“好，我现在就去。”说完何伟跑出了教室。

这么简单的招数，想不到铁头居然成功了。看来这个何伟也不怎么聪明嘛。

过了一会儿，何伟抱着一摞作业本**乐呵呵**地走了进来。

把作业本往铁头面前一放：“铁头，我刚才去办公室的时候，老师要你也去办公室一趟。”

铁头哈哈大笑：“哈哈哈哈，何伟，今天是愚人节。这么简单的招数，你认为我铁头也会上当吗？”

何伟一本正经地说：“我说的是真的，老师真叫你去办公室。”

“信你我就是傻子，想捉弄我，门都没有。”铁头坚决不去老师的办公室。

过了一会儿，魏老师**气呼呼**地走了进来：“邢铁，我叫你来办公室一趟，何伟跟你说了吗？”

“说了呀！”

魏老师一拍桌子：“那你为什么不来？”

“啊？真的是真的呀？”铁头不曾想，何伟居然没骗他。

魏老师说：“我问你，昨天的数学作业你是用脑袋写的吗？”

"不是呀，我是用手写的。"

魏老师又说："我的**意思**是说，你做数学题时动过脑子吗？错了这么多题。"

我赶紧打开我的数学作业本，一看！哇！一道题都没对，全错了。完了，肯定要被魏老师**臭骂一顿**了。

幸运的事情发生了，老师居然没提我作业的事，只是说："今天大家把做错的数学题再做一遍。"

再做一遍？那我岂不是又不能睡觉了。呜呜……

中午，我和姜小牙，还有铁头，一起去踢足球了。回来的时候，姜小牙说自己的文具盒不见了，只发现了一张**藏宝图**。

我们好朋友三人组按照藏宝图上的提示找来找去，找了一大圈，最终在姜小牙的书包里，找到他的文具盒。

姜小牙打开文具盒一看，里面有张纸条，上面写着——愚人节快乐！

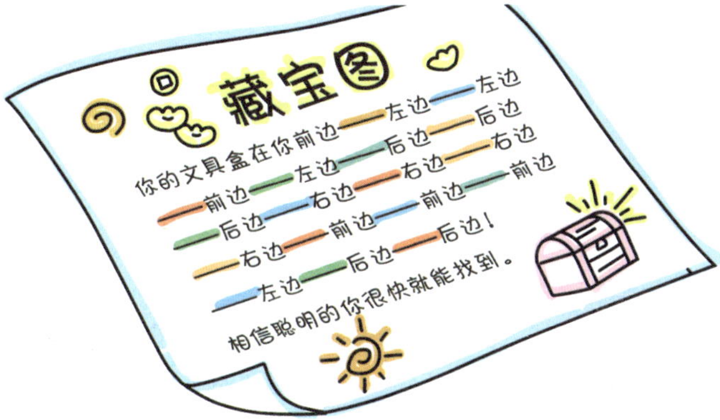

呜呜，被捉弄了，一定是何伟干的。

晚上，我又把做错的**数学题**重做了一遍。

不对呀？我重做了一遍才发现，和昨天的一模一样。难道是我退步了？

我翻开作业本的下一页才发现，上面写着——米小圈，愚人节快乐。

呜呜，一定是何伟，一定是他在我的作业本上做了手脚。

何伟，我跟你没完。

今年的愚人节一点儿都不快乐，想不到我们三个人都被何伟**捉弄**了。

还没办法向老师告他。呜呜……

原来是个圈套

4月6日 星期三

自从愚人节被何伟愚弄了以后，我们好朋友三人组就变得很小心，不敢轻易再跟何伟作对了。坏人何伟的坏点子太多了，可不是那么好**对付**的。

可是今天我们才知道，何伟之所以把座位让给姜小牙，原来是一个**圈套**。

他故意让出了自己的座位，姜小牙就舍不得转学了。如果姜小牙真的转学走了，以后何伟就没办法再欺负姜小牙了。

用何伟的话说，其实他这叫**放长线钓大鱼**。这个大鱼就是姜小牙。

真不明白，这个何伟到底跟姜小牙有多大仇恨，就是不肯放过他。

何伟为了拉拢更多的同学，在班级成立了一个“好玩联盟”。

加入到好玩联盟的同学，不但可以听他讲笑话，还可以得到学习上的帮助。什么学习帮助呀，不就是做不出来的数学题，何伟帮助去做吗！

更可恨的是，好玩联盟的第一条规定就是不能跟姜小牙玩，连跟姜小牙说话都不行。

姜小牙主动跟几个好玩联盟的同学打招呼，但他们都跑得远远的，不理姜小牙。

我安慰道："姜小牙，怕什么？我们也可以成立一个联盟呀。"

"什么联盟？"姜小牙问道。

我说："我们成立一个'好吃联盟'。凡是加入到好吃联盟的同学，每天都可以得到由姜小牙提供的零食。"

铁头举双手赞成："太好了，我第一个加入好吃联盟。"

我没有联盟

4月7日 星期四

想不到一天的时间，好玩联盟就已经有20个同学加入了。可是我们的好吃联盟还是只有我们3个人。

何伟今天主动找到我："米小圈，不如你也加入我们好玩联盟吧，以后你的作业我帮你写。"

"真的？"

"当然。"

"没门。你这个坏人，我是姜小牙的好兄弟，我是不会背叛他的。"

何伟策反我不成，又找到我的同桌徐豆豆。

“徐豆豆，你加入我们好玩联盟吧。只要你不理姜小牙。”

徐豆豆高兴地说：“好呀，好呀！我本来就不想理他。”

我发现，我的同桌徐豆豆一点儿**原则**都没有。她爽快地加入了好玩联盟。

还是我的旧同桌李黎最好，她哪个联盟都没有加入。而且还把好玩联盟的事**偷偷**告诉给了魏老师。

魏老师来到班级，微笑着说：“同学们，听说最近咱们班成立了一个好玩联盟。好玩联盟的同学举手。”

全班二十个同学都举手了。

魏老师接着说："不错不错，人可真多呀。"

何伟骄傲地说："那当然，谁让本盟主的**魅力**无限呢。"

魏老师突然发火："何伟，你给我站起来。居然成立什么联盟……破坏同学们之间的**友谊**，不让其他同学跟姜小牙玩。你这是什么行为？"

姜小牙太**高兴**了，因为这是何伟第一次被魏老师批评。

何伟被批评了，却还不服气："老师，姜小牙也成立了一个好吃联盟，你为什么不批评他。"

魏老师听完，又微笑起来："呵呵，是吗？好吃联盟的同学请举手。"

魏老师，你当我们傻呀。打死我们都不会举手的。

我和姜小牙，还有铁头非常**默契**，都没有举手。呵呵，魏老师没有找到证据，所以她并不相信何伟的话。

晚上，何伟可就惨了。他要写一份检查，第二天还要请家长到学校走一趟。

偏心的老师

4月8日 星期五

哈哈，何伟终于被老师批评了一回，而且还要叫家长来学校。

好玩联盟就这样**土崩瓦解**了。我们好吃联盟，胜利啦。

今天，数学课前，何伟站在讲台上，读了他的检讨书。

检讨书

何伟

尊敬的老师，亲爱的同学们：

我是你们的新同学何伟，但我却是姜小牙的老同学。因为我们在幼儿园时就在一起上学。

在幼儿园时，我很讨厌姜小牙，因为他确实很讨厌。记得有一次，他在全体小朋友面前羞辱了我。我很伤心，在家哭了一天。从此以后，我就处处和他作对。

而现在我和姜小牙又一次成为了同学。我为了报复他，所以成立了好玩联盟，不让其他同学跟他玩。

这是我的不对。我觉得每个人都有喜欢别人和讨厌别人的权利，我不该成立什么联盟，让同学们失去和姜小牙做朋友的权利。

所以我错了。请老师和同学们原谅我。

姜小牙听完，差点儿被气死。

姜小牙生气地说："哼！你才**讨厌**呢，你们全家都讨厌。"

魏老师批评道："姜小牙，你闭嘴。再大喊大叫，我就让你和垃圾桶一桌。"

姜小牙只好乖乖把嘴闭上。

魏老师说："好啦，何伟，老师原谅你了。同学间的一点儿小矛盾不要**耿耿于怀**，下次不许再成立什么联盟了。"

"嗯，老师，我记住了。"

姜小牙赶紧举手："不行！老师，何伟的家长还没来呢。"

魏老师问："对呀！何伟，你父母什么时候来？"

何伟低下头，"老师，我能去你的办公室，**单独**跟你说吗？"

"可以呀。好了，同学们，这件事到此为止。下面我们开始上课吧。"

下课后，何伟去了魏老师的办公室。也不知道他跟魏老师说了什么，魏老师居然不叫他的父母来学校了。

魏老师可真**偏心**，想当年我哭着求她不要叫我爸妈来学校，她都不同意。哼！

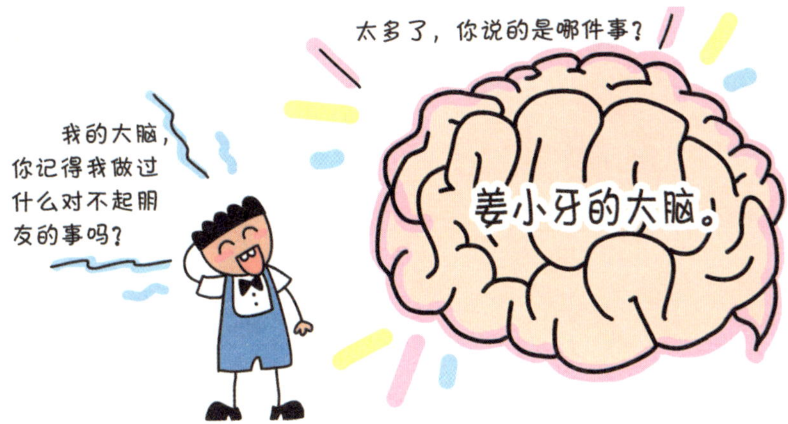

我和铁头来到姜小牙面前。

铁头说："姜小牙，想不到你居然做了**羞辱**何伟的事，算我看错你了。"

姜小牙赶紧说："我没有。"

我问："姜小牙，你在幼儿园的时候到底对何伟做了什么？"

姜小牙**左思右想**，却还是没有想出来。

真相大白

4月12日 星期二

今天姜小牙找到何伟，问他上幼儿园时，到底哪里**招惹**到何伟了？

何伟一脸无所谓的样子：“姜小牙，其实以前的事我早就忘了。不过嘛，我一看见你的大牙就讨厌，所以我在这个班级，你就别想有好日子过啦。”

“可恶！何伟，从小你就欺负我，现在你又来欺负我，你太过分了。”姜小牙气坏了，用他那两颗大牙咬住了何伟的耳朵。

可怕的事情发生了，姜小牙把何伟的耳朵咬出了两

个牙印。结果他被魏老师带去了办公室。

魏老师刚要批评姜小牙，他就呜呜地哭了起来。

姜小牙边哭边说："老师，你不知道，这个何伟从幼儿园时，就总欺负我。他不让同学跟我玩，还总给我起外号。"

魏老师觉得姜小牙也确实有自己的苦衷，便没有批评他。

魏老师说："姜小牙，你知道为什么何伟总是欺负你吗？"

姜小牙说："不知道呀，要是知道我就不生气了。"

魏老师说："好吧，老师就把这件事告诉你，不过你不许告诉给别人。"

"放心吧老师，我**绝对**不告诉别人。"

结果姜小牙从办公室出来后，马上把这件事告诉给我了。

其实事情是这样的。何伟从小就是一个聪明懂事的孩子，在他四岁那年，他的爸爸妈妈离婚了。妈妈嫁给了别人，离开了何伟。

还不懂事的姜小牙知道这件事后，在幼儿园里到处宣扬。

经过“小喇叭”姜小牙的宣传，同学们很快就都知道何伟的妈妈不要他了。何伟当时非常非常伤心。这让他在幼儿园一点儿都抬不起头来。

姜小牙这人有个缺点，就是喜欢炫耀，炫耀自己的新衣服，炫耀自己的玩具，炫耀自己漂亮的同桌，炫耀一切他能炫耀的东西。幼儿园时的姜小牙经常在同学们面前炫耀自己的礼物。没有礼物的何伟在一旁，难过极了。

从此，何伟恨透了姜小牙，不断地欺负他。他也要让姜小牙尝尝难过的滋味。

姜小牙听魏老师这么一说，**恍然大悟**。他当时确实好像说过这样的话。现在想一想，真是太不应该了。

姜小牙惭愧地低下了头。

北猫叔叔小课堂

同学们，北猫叔叔想问大家一个重要的问题，你在学校里有没有给同学起过外号呢？或者嘲笑过同学的缺点？再或者欺负过他们呢？

我猜很多同学都会说，有！

北猫叔叔很**骄傲**地告诉大家，我就从来没欺负过同学。呜呜，我总是被人欺负。

由于小的时候我个子比较矮，就像米小圈一样，所以同学们都叫我“小不点儿”。

因为这个外号，我整整难过了好几年呢。而且当时我的同桌总是欺负我。给北猫小朋友幼小且脆弱的心灵蒙上了一层巨大的阴影。

前段时间，这位同桌联系上了北猫叔叔。没想到，她见到我说的第一句话就是：同桌，非常对不起你，上学的时候不懂事，一直欺负你，直到我的儿子被女同桌欺负的时候，我才体会到你当年的痛苦。

是呀，说实话，当时整整好几年我都活在阴影里。

但北猫叔叔并不怨恨她，我依然把她看作是我最喜欢的同桌。毕竟我们一起同桌了四年的时间，除了她欺负我的时候，其他大部分时光还是美好且快乐的。没有她就没有《米小圈上学记》中徐豆豆这个角色。

但是同学们，我要告诉大家的是，北猫小朋友天生是比较乐观的，但如果换作是一名性格内向的同学呢？他可能会因为你的嘲笑和羞辱变得很自卑，很难过，非常不快乐，甚至心灵产生扭曲，影响他的一生。

《搞笑大王来啦》中的姜小牙由于不懂事，玩笑之中羞辱了何伟同学。何伟的父母离婚了，他本就很难过，可姜小牙的嘲笑让他的内心又蒙上了更大的**阴影**。同时，何伟为了报复姜小牙，给他起了外号，不让其他小朋友跟姜小牙玩，使姜小牙整整两年都很孤独自闭。

本应该是两个快乐的孩子，因为一句嘲笑，毁掉了两个人的童年时光。所以，嘲笑同学的缺点，并不是什么好玩的事，而是**残忍**的行为。

同学们，如果你是《米小圈上学记》的忠实读者，那么从看完这篇文章开始，请不要嘲笑别人的缺点，不要欺负弱小的同学，更不要对同学的缺点起外号。要像米小圈一样，给别人带来快乐。

相信我，给别人带来快乐，自己才会更快乐。

当年的错

4月14日 星期四

我和铁头都觉得姜小牙当年真是太过分了，何伟的爸妈离婚了，他本来就已经很难过了，可当年的姜小牙却到处宣传这件事。

姜小牙解释道："当年的我只是个不懂事的小孩子嘛，真的不是故意的。如果是现在的姜小牙，是绝对不会这样的。"

我说："姜小牙，我觉得你应该去向何伟道歉，争取得到他的原谅。"

姜小牙生气了："你们到底是我的朋友，还是何伟的？为什么要我道歉，上幼儿园时他一直欺负我，他为什么不向我道歉呢？”

铁头说：“姜小牙，我也觉得是你不对在先，你要是不道歉，我就不跟你玩了。”

“没错！姜小牙，你要是不道歉，我就不跟你结义了。”我补充道。

姜小牙怕我们不理他，终于决定去向何伟道歉了。

铁头说：“最好再给何伟买些冰激凌，说不定他一高兴就原谅你了呢。”

好办法！姜小牙在学校的**超市**买了一大堆我们喜欢吃的冰激凌，拿着冰激凌来到何伟面前。

姜小牙把冰激凌送给何伟，说："何伟，当年都是我不好，你能原谅我吗？"

谁知何伟却**拒绝**了姜小牙的道歉，并且把冰激凌全给退了回来。

何伟生气地说："姜小牙，你觉得几个冰激凌就能弥补你当年的过错吗？"

姜小牙赶紧说："绝对不能！要不我再给你买几块巧克力？"

何伟更生气了："哼！你买什么我都不会原谅你的。我要做你一辈子的**死对头**。"

"何伟，你太坏了。"姜小牙拿着冰激凌，气呼呼地走了回来。

铁头却高兴极了："何伟不吃，我吃。"

铁头把冰激凌全吃光了，呵呵，我也吃了两个冰激凌。

吃完冰激凌，我又给姜小牙出了一个**好主意**。

"姜小牙，我觉得吧，何伟不原谅你，我们应该去找他爸爸。他爸爸原谅你了，何伟就不敢不原谅你了。"

姜小牙问："可是我们该怎么找到何伟的爸爸呢？"

我想了想，说："有办法了，放学的时候，我们跟踪何伟，到他家就能找到他爸爸了。"

放学后，我们偷偷跟在何伟的后面，可是何伟却没有马上回家。

铁头说："何伟一定是先在外面玩够了，再回家。"

我倒觉得不一定。你们看！何伟去了菜市场。

我们偷偷跟着何伟，来到菜市场。何伟买了一兜子菜，然后向自己家走去。

何伟家住在一个很破旧的小区。一位奶奶正在小区里遛弯，看见何伟走过来，主动跟他打招呼。

奶奶说："小伟啊，你又自己做饭呀？"

何伟笑了笑："李奶奶，我都习惯了，我现在会做很多菜呢。"

李奶奶感慨道："你这孩子可真懂事，快回家吧，你奶奶在家等着你呢。"

“嗯，李奶奶再见。”何伟快速向家里走去。

我们觉得很奇怪，为什么何伟要自己做饭呢？

铁头说：“是不是何伟爸妈离婚了，他爸爸不会做饭呢？”

姜小牙说：“不如我们去问问这位奶奶吧。”

我们赶紧跑到这位奶奶身边：“奶奶，奶奶，你好。”

奶奶**打量**着我们：“你们是？”

姜小牙说：“奶奶，我们是何伟的同学，不！是他的好朋友。我们想问一下，何伟他每天都自己做饭吗？”

“是啊，这孩子可真不容易，又要上学，又要照顾奶奶。”

我问：“可是何伟的爸爸呢？”

奶奶难过地说：“你们还不知道啊，何伟的爸爸几个月前**去世**了。何伟才搬来跟他奶奶一起生活。他奶奶身体又不好，家里大大小小的事都得何伟自己来做。唉，这

孩子命太苦了。”

“啊？他爸爸去世了？那何伟的妈妈呢？”

“他妈妈呀，听说早就嫁人了，一年也不来看何伟一次。”

啊？怎么会这样呀？

妈妈，去哪儿了？

4月15日 星期五

我们都想不到，外表乐观，喜欢说笑话的何伟，平时的生活居然是这样的。

虽然我们并不喜欢何伟，但这一次，我们都很为他难过。

特别是姜小牙，都流眼泪了。姜小牙越想越觉得自己在幼儿园的时候做得不对。居然当着大家的面说何伟的妈妈不要他了。何伟那个时候一定伤心死了。

我说："姜小牙，别忘了我们可是好朋友三人组啊。没有什么人是我们帮不了的。"

铁头说："对呀！还记得我上一年级的时候，学习不好，差一点儿被我妈妈带回家去，是你们**帮助**我，让我考试及格的。"

姜小牙兴奋起来："没错，我们还帮助了毛孩儿和一个过马路的老奶奶呢。"

姜小牙，你还好意思说过马路的老奶奶，就因为这件事我收到了一封批评信。

姜小牙说："这不重要，重要的是我们好朋友三人组一向喜欢**助人为乐**。"

铁头说："对！这次我们就一起帮助何伟吧。"

我说："没错，一起帮助他把妈妈找回来。"

找妈妈这句话说来容易，可我们什么线索都没有。怎么找呢？

我突然想到了一个人，他是名侦探大牛，是我的表弟。虽然大牛这家伙总是给我找麻烦，不过他在破案这方面还是非常有天赋的。

放学的时候，我们找到大牛。大牛却耍赖说自己的肚子饿了，现在没办法破案。

这个大牛，一点儿同情心都没有，就知道吃。好吧，我们在超市给大牛买了一兜子零食。

“大牛，你快点儿变成侦探吧。”

大牛边吃边说：“好！现在就变。”

大牛赶快**开动脑筋**：“我变！我变！我变变变！哎呀，我想到了！我觉得你们可以雇一名侦探。”

我问道：“大牛，你不就是侦探吗？”

大牛说：“我是侦探这没错，但我是个小学生啊。我哪有能力去**调查**呀。我说的是真的侦探，就是毛利小五郎那种私家侦探。你们懂吗？”

铁头说：“可是我们连何伟的妈妈叫什么都不知道

啊？侦探能找到她吗？”

大牛说：“这个就不要你**操心**了，私家侦探什么都能知道。”

姜小牙说：“太好了，我这就让我爸爸雇一名私家侦探。”

姜小牙回到家，向爸爸说了何伟的遭遇，希望爸爸帮忙雇一位私家侦探。

小牙爸爸说：“小牙，你愿意帮助同学老爸非常高兴。我倒是不怕花钱，但是咱们这个城市没听说有什么私家侦探呢，我上哪帮你雇私家侦探去呀？”

姜小牙听后**失望**极了，觉得大牛的脑袋里进动画片了。

小牙爸爸又说：“等一等，让我想想，何伟这个名字，我听着怎么这么耳熟呢。”

姜小牙批评老爸：“爸爸，你什么记性啊，前几天我不是还和你说过吗？何伟是我的死对头，幼儿园时就和我作对，现在又跑到我们班来和我作对了。所以前些天，我才让你帮我转学的嘛。你怎么都忘了？”

“这个何伟？你上幼儿园的时候，他妈妈我好像见过。”

“你当然见过呀，就是你告诉我何伟他妈妈不要他的。”

小牙爸爸生气地说：“臭小子，我当时哪是这么说的，

我是说何伟的爸爸妈妈离婚了，他妈妈嫁给别人了。”

“那不还是不要他了吗？好啦，不管这些了，老爸，你到底能不能想起来呀。”

“哎呀！我想起来了，何伟妈妈的姐姐和我是同学。”

“啊？真的？那你能找到何伟的妈妈吗？”

“别急，我先跟她姐姐联系一下，她肯定知道。”

“老爸，万岁！”姜小牙高兴得跳了起来。

我老爸总说这个世界很小，当时我觉得他一定是没坐过飞机，否则怎么会觉得世界小呢？不过，现在我信了。姜小牙的爸爸居然是何伟的妈妈的姐姐的同学，你说这个世界多小呀。

找妈妈

4月22日 星期五

经过小牙爸爸一个星期的**侦查**，终于得知了何伟妈妈的下落。

今天下午我们正好没有课，小牙爸爸开着车带着我们好朋友三人组，前往何伟妈妈的工作地。

我们来到了一家**制药厂**，何伟妈妈就在这里工作。可我们刚要进去，却被药厂的保安叔叔拦住了。

“停！药厂重地，不许外人进入。”

结果铁头说了一句话，差点儿把我们笑抽筋：“什么？药厂不卖药了，改种地了？”

铁头呀！重地就是说**重要**的地方，不是种粮食的地方。

小牙爸爸赶快说明来意：“我们想找一下李姗姗。”

“哦！稍等，我去打个电话。”

过了一会儿，何伟的妈妈姗姗阿姨出现了。

姗姗阿姨看到我们很意外：“你们是？”

姜小牙赶快说：“我们是何伟的同学，不！是何伟的好朋友，我叫姜小牙。”

“姜小牙？这个名字好像挺**耳熟**。我想起来了，我儿子何伟提过你。”

姜小牙**吹嘘**道：“你看看！我就说阿姨会知道我吧。”

小牙爸爸说：“不知道你还记不记得我了，我是姜小牙的爸爸，是你姐姐的同学。”

姗姗阿姨想了想，似乎想起来了：“哦……哦！想起来了，你是张小强吧，你小时候老来我们家写作业，原来是你呀。”

小牙爸爸听完差点儿没气死。姗姗阿姨根本就没想起来。因为姜小牙的爸爸肯定姓姜呀，怎么可能姓张呢。

我在后面说：“哎呀，姜小牙的爸爸姓什么并不重要，我们还是说明**来意**吧。”

小牙爸爸转过头来生气地看着我："怎么不重要，小牙可是我的亲儿子。"

"好吧，好吧，说正事吧。"

小牙爸爸说明了来意，因为何伟的爸爸去世了，何伟现在跟奶奶生活在一起，没有人**照顾**，希望姗姗阿姨能去看看孩子。

姗姗阿姨听完，惊讶地说："你说什么？何伟他爸去世了？"

啊？何伟的妈妈居然不知道？这怎么可能呢？

姗姗阿姨边流泪边说："何伟这孩子性格太倔强了，这么多年过去了，他始终不肯原谅我。一定是他不让奶奶告诉我他爸爸去世的消息。"

听姗姗阿姨这么一说，我们才知道。原来何伟的爸妈离婚后，何伟就一直很生妈妈的气，觉得是姗姗阿姨不要他了。每次姗姗阿姨来看何伟，何伟都**故意**躲起来，不想见到妈妈。于是姗姗阿姨只能到学校门口，偷偷看何伟一眼。渐渐地姗姗阿姨与何伟见面的次数就越来越少了。

姗姗阿姨越说越**难过**，流下泪来。

姗姗阿姨边流泪边说："何伟这孩子性格太倔强了，这么多年过去了，他始终不肯原谅我。"

姜小牙说："没错！这么多年过去了，他也不肯原谅我。"

我拿出纸巾，帮姗姗阿姨擦了擦眼泪："阿姨，不要难过，或许我们有办法让何伟原谅你。"

"真的？什么办法？"

我**自信满满**地说："这个办法嘛，暂时保密，总之由我们好朋友三人组出面，何伟是一定会原谅你的。"

姗姗阿姨擦了擦眼泪，说："太好了！何伟能有你们几个好朋友，我真是高兴。"

知难而上

4月25日 星期一

今天，姜小牙和铁头都很高兴，因为我已经想到了一个好办法，让何伟原谅自己的妈妈。

可是只有我自己知道，我根本就没想到什么好办法。我只是觉得姗姗阿姨哭得很伤心，不想让她再这么难过了，于是就说自己想到了一个好办法。

要是被姜小牙和铁头知道**真相**，他们一定会说我吹牛的。

这时，姜小牙走过来，说：“米小圈，你到底想到了什么好办法，对我们还**保密**呀？”

我看了看姜小牙，又看了看远处的何伟，终于想到了一个好办法。

我赶快对姜小牙说：“姜小牙，办法倒是有一个，但就不知道你肯不肯。”

姜小牙说：“当年我让何伟那么伤心，**确实**是我的错，所以只要能帮上何伟，让我做什么都行，除了跟何伟做朋友。”

“没错，就是跟何伟去做朋友，如果你能跟何伟交上朋友，那么他一定会听你的**建议**，原谅姗姗阿姨。”

“米小圈，你这什么馊主意呀。就算我肯，何伟也肯定不想和我做朋友。”

“呵！不试试怎么会知道呢。”

虽然姜小牙并不乐意，但他决定试一试。何伟正在给潘美多讲数学题，姜小牙也拿着数学作业本**凑过来**。

“何伟，我有一道题不会做，能不能也给我讲一下呀。嘻嘻……”

何伟还没有说什么，潘美多却生气了：“姜小牙，你捣什么乱呀，讨厌。”

何伟接着说：“没错，潘美多，我们不理他，接着讲

题。”

姜小牙第一招：没事找事，被拒绝。

姜小牙又买来一大堆零食，走到何伟面前。

“哎呀呀，真好吃。何伟，你要不要也尝尝。”

何伟生气地说：“姜小牙，家里有钱有什么了不起的，有必要过来馋我吗？离我远点儿！哼！”

姜小牙第二招：美食诱惑，被误会。

姜小牙决定使出自己的**杀手锏**。姜小牙来到何伟面前，对何伟说：“何伟，你的跆拳道太**厉害**了，我想拜你为师，跟你学武功。你就收下我吧！”

何伟看了看姜小牙，问道："姜小牙，我问你，你学武功干什么？"

"学武功打坏人。"

"坏人是谁？"

"坏人何伟！啊，不是，师傅是何伟，坏人是铁头。"

何伟冷冷地说了一句："鬼才信你的话，走开！"

姜小牙这家伙，每天都把坏人何伟挂在嘴边，你看看！说习惯了吧。

姜小牙第三招：拜师学艺，失败。

和姜小牙说的一样，何伟是绝对不肯跟他做朋友的。看来这件事**比登天还难**。

我们是卧底

4月26日 星期二

姜小牙的失败早在我的**意料之中**。老师说过失败是成功之母，我们好朋友三人组既然决定帮助何伟，就不会放弃的。

于是我想出了一个更绝的办法。

姜小牙问："什么更绝的办法？"

我说："虽然我们不知道何伟喜欢什么，不能投其所好。但至少我们知道何伟讨厌什么。"

铁头问："何伟到底讨厌什么呢？"

我看了看姜小牙，姜小牙很自觉地回答："他还能讨

厌什么？肯定是讨厌我呀。”

我接着说：“只要何伟讨厌什么，我们就讨厌什么，这样我们就可以与何伟做朋友了，顺便开导开导他。”

我们按计划进行。首先**出场**的是我，故意跟姜小牙吵了起来。

姜小牙说：“米小圈，我借你的漫画书到底什么时候还给我？”

我说：“姜小牙，你怎么这么**抠门**呀！我们可是好朋友呀。”

姜小牙说：“亲兄弟还明算账呢？快把漫画书还给我。”

我说："还给你就还给你，我不和你做朋友了，我要跟何伟一起玩。"

这时，铁头出场了："米小圈，别这样，我们是好兄弟，有话好好说嘛。"

姜小牙又来斥责铁头："说什么说呀，铁头，昨天我给你买了一根两元钱的冰激凌，你也得把钱还给我。"

铁头假装很生气："哼！米小圈，我们不理他了。"

姜小牙又说："不理我之前，先把两元钱还给我。"

铁头气呼呼地掏出钱，扔给姜小牙："给你！你跟两元钱去做朋友吧，米小圈，我们走！"

何伟一看我们好朋友三人组吵起来了，高兴得不得了。我和铁头来到何伟面前。

我说："何伟，我们以后不跟姜小牙玩了，你能和我们做朋友吗？"

何伟很**大方**地同意了："当然没问题，敌人的敌人就是我何伟的朋友。"

下课的时候，我们跟何伟一起去踢足球了，把姜小牙一个人留在教室。

我们冷落了姜小牙，此刻的他应该趴在桌子上大哭，或者生气地大叫才对呀。可他却依然乐呵呵的，看上去一点儿都不难过。姜小牙真不是一个好演员。

这时，姜小牙的同桌潘美多生气地说："哼！姜小牙，我过去只觉得你很**淘气**，有时候很烦，没想到你还这么小气。这是你前些天送我的笔记本，我也还给你，我也不理你了。"

说完，潘美多气呼呼地走了。

“同桌，不是这样的。呜呜，同桌，你别走。”姜小牙这家伙，不怕我们离开他，就怕他的漂亮同桌不理他。这回他真的难过了，我好像听见了姜小牙**心碎**的声音。

一天的工夫，我和铁头就成了何伟的好哥们。其实我发现，何伟这人并不坏，非常聪明，而且还很逗，不愧是班级的搞笑大王呀。

与妈妈相见的日子

4月28日 星期四

最近这几天，我们经常跟何伟一起玩，一起踢球、一起学习、一起讲笑话。

中午的时候，我们跟何伟一起吃饭。我发现何伟的**饭盒**里一块肉都没有，于是我夹了一块肉给何伟。

何伟却把肉给我夹了回来：“米小圈，谢谢你，我这人不喜欢吃肉的。我只喜欢吃绿色的青菜，青菜最健康了。”

铁头赶快把肉夹走了：“何伟不吃，我吃，我最喜欢吃肉了。”

铁头你这家伙，不知道何伟说不吃肉是因为他没有钱买肉吗？还跟他抢。

铁头吃完肉，又来吃何伟的菜：“哇！何伟，你自己做的菜好香啊。”

何伟惊讶地说：“谁说是我自己做的？”

不好！要露馅了，铁头这个家伙。

我赶快说："不是！铁头的意思是说，这个菜是谁做的呀？这么香。"

何伟收起了笑容，说："是……是我妈妈做的。"

铁头接着说："你妈妈可真好。"

"嗯，我吃饱了，你们接着吃吧，我要预习一下语文课的内容。"何伟**难过**地走了。

我批评铁头："铁头，你怎么这么笨呀，何伟最难过的就是这件事，你还说？"

铁头没有回答我。

“铁头，你倒是说话呀？”

“我不敢说话了，我说什么都是错的。”

放学的时候，我们要跟何伟一起回家。

何伟问：“不对呀，你们不**顺路**呀。”

我说：“没事，我们正好要去那边玩一玩，然后才回家呢。”

我们三个小伙伴走到一家冰激凌店门口，我指着冰激凌店说：“何伟，不如我们吃冰激凌去吧。”

何伟赶快说：“我不吃，我不吃，我最讨厌吃冰激凌了，我走了。”

“别啊,吃点儿再回家吧。”我们硬是把何伟拽了进去。

我和铁头一人点了一份冰激凌，就是没给何伟点。何伟拽了拽自己的衣角，有点儿难过。

可不是我米小圈抠门，因为这个时候，已经有一位女士拿着何伟最喜欢吃的**蓝莓冰激凌**走了过来。

没错，这位女士就是何伟的妈妈——姗姗阿姨。

姗姗阿姨坐在何伟的身边，说："小伟，这是你小时候最**喜欢**吃的蓝莓冰激凌。是妈妈不好，妈妈以后不会再离开你了，每天都让你吃蓝莓冰激凌。"

何伟一看他妈妈来了，就明白了。原来是我们搞的鬼。

何伟大叫着说："你走！我不需要你。还有你们，都走。你们都是骗子，没有一个是真心对我的。"

说完，何伟哭着推开冰激凌店的门，跑开了。

全班同学的秘密

4月29日 星期五

从姗姗阿姨那里得知，下个月何伟就要过生日了。

我们好朋友三人组觉得，这是一个**好机会**。我们要想办法，在这一天，让何伟原谅自己的妈妈。

姜小牙说："我有办法了，看我的。"

于是姜小牙又拿出他上幼儿园时候的本事，在全班同学面前到处**宣传**何伟的家事。当然，何伟此刻并不在班级。

同学们听了何伟的事，都为何伟感到难过，纷纷出主意。

车驰说："我觉得我们可以利用班会，给何伟开一个生日派对。"

徐豆豆说："这个主意好，还可以把何伟的妈妈请来。"

大家的主意都很不错。我们一定要给何伟过一个特别的**生日派对**。

我们的班长，也就是我的旧同桌李黎，跑到魏老师的办公室，征求老师的意见去了。

我们几名同学正在**商量**给何伟过生日的具体安排。这时，何伟却出现在我们身后，差点儿被他听到。

何伟追问到底是什么事？可是我们班的同学没有一个告诉他的。何伟伤心极了。

通过李黎，我们得知了魏老师不但赞成此事，还说

一定要把这个生日派对办得热热闹闹。

放学的时候，何伟回家了，可我们其他同学一个都没有走。

魏老师来到班级，跟大家一起密谋何伟的生日派对。我们一定要给何伟过一个让他感动又惊喜的生日。

生日派对

5月6日 星期五

何伟的生日终于到了，可是他却一直**蒙在鼓里**。

何伟觉得今天同学们怎么奇奇怪怪的，都不太愿意跟他讲话。

生日派对前，魏老师特意把何伟叫到办公室。

何伟刚一走，全班同学就立刻行动起来，把教室**布置**成了派对场地。屋顶贴上拉花，把书桌围成一圈，在黑板上写上“何伟生日快乐”，还用班费买来了一大堆好吃的。

铁头看着好吃的，口水都流出来了。

此刻，魏老师正在找何伟谈心，真希望他们能多聊一会儿，教室我们还没有布置完呢。

何伟问：“老师，你找我什么事呀？”

魏老师摸着何伟的头说：“何伟，你家里的事老师都知道了。”

何伟惊讶：“啊？老师，你也知道了。一定是小铲子告诉你的，这个讨厌鬼。”

魏老师说：“何伟，你不能这么说姜小牙。虽然他有时候很调皮，却是个**热心**的学生。他听说你的事，都哭了。”

何伟问："真的？"

魏老师说："老师怎么会骗你呢。得知你家里的事，老师也很难过。你爸爸现在不在了，你为什么不能原谅你的妈妈呢？"

何伟低下头，不愿意把自己的心事告诉给魏老师。

魏老师接着说："何伟，大人的世界你现在还不懂，你妈妈并不是你想的那种人。"

何伟说："老师，我不想让妈妈走，可是当年，她还是狠心地抛下了我。"

魏老师说："何伟，你知道吗？天底下没有一个母亲会狠心抛下自己的孩子，你妈妈是有**苦衷**的。"

"有什么苦衷也不该离开我。"何伟追问道。

魏老师说："你妈妈其实一直都没离开你，她只是不能跟你生活在一起了。何伟，你知道吗？因为你不愿意见你的妈妈，她曾经很多次，偷偷去学校看你。躲在大树后面，看你和同学们玩耍。作为一名母亲，如果自己的孩子不想见自己，一定心都碎了，你知道吗？"

"老师，我……"何伟低着头，再也说不出话来，眼

泪却不停地落下来。魏老师把何伟抱在怀里，也忍不住地流泪了。

说点儿高兴的事吧。我们的生日派对已经布置完毕。魏老师，你可以放开那个男孩儿了。

魏老师带着何伟，一起来到教室。

何伟刚一进门，全班同学就大喊道：“何伟，生日快乐。”

何伟看了看同学们，又看了看**漂亮**的生日派对，还是有点儿不敢相信眼前看到的一切。

“这……是我的生日派对？”

李黎说：“没错，同学们得知你要过生日，特意为你布置的。”

何伟赶快给大家**鞠了一个躬**：“谢谢大家。”

铁头说：“有什么可谢的呀，快开始吧，我都饿了。”

李黎宣布：“何伟同学的生日派对，现在开始！”

同学们唱起了生日歌："祝你生日快乐……祝你生日快乐……"

我们把生日蛋糕上的蜡烛**点燃**。何伟闭上眼睛，双手合十，许了一个愿望。

这时，何伟的妈妈姗姗阿姨出现在何伟的身后。

姗姗阿姨说："小伟，生日快乐。"

何伟回头一看，是自己的妈妈，一下子抱住妈妈："我的愿望真的实现了。妈妈，我错了，你不要离开我。"

姗姗阿姨一下子哭了："都是妈妈不好，妈妈再也不离开你了。”

这个场景太感人了，好多同学都哭了。可是我却没哭，为什么要哭呢？何伟原谅了自己的妈妈，这是一件多么值得高兴的事呀。

（老妈评语：米小圈，有一种流泪叫喜极而泣，这你都不懂？）

我喊道：“大家不要哭了，该吃生日蛋糕了。”

大家一听说吃蛋糕，全都不哭了。教室顿时变成了欢乐的海洋。

我很快乐

5月9日 星期一

今天，我来到班级的时候，发现何伟又在给一群女生讲笑话。

想不到何伟这小子这么乐观，上星期还哭鼻子呢，这星期又变回了搞笑大王。何伟今天讲的是什么笑话？我也凑过去，听了听。

何伟讲道：“有一天，一名小记者去采访一位**享誉世界**的大富翁。小记者问：‘富翁先生，请问你为什么那么有钱？’富翁回答：‘小的时候我跟你一样什么也没有，爸爸给我一个苹果，于是我就把那个苹果卖了，用赚到的钱又买了两个苹果，然后再卖掉，又买了四个苹果。’小记者若有所思地说：‘先生，我好像懂了。’富翁先生说：‘你懂什么呀，后来苹果太多了，卖不出去都烂了，但我**继承**了我们家族的所有财产。’”

哈哈哈哈哈……几个小孩儿都快笑抽筋了。其中也包括我。

何伟说：“我决定，今天再次成立好玩联盟，加入好玩联盟的人，要每人讲一个笑话。”

想不到啊想不到，这个何伟恩将仇报。姜小牙对他那么好，他却还在怨恨姜小牙。

可姜小牙却很没出息，跑到何伟面前："何伟，能不能让我也加入好玩联盟呀？"

姜小牙，你忘了好玩联盟的规定了吗？那就是不能跟姜小牙一起玩，连说话都不行。

不出我的**意料**，何伟拒绝了姜小牙。

何伟说："姜小牙，你一个人加入可不行。"

姜小牙难过起来，看来何伟还是没有原谅自己。

谁知何伟却说："要加入必须你们好朋友三人组一起加入。"

"啊？呵呵，真的呀。"

铁头赶快跑过来："太好了，以后每天我都可以听笑话了。"

我也跑过来："何伟，要不是姜小牙，上一次你成立好玩联盟的时候我就加入了。"

姜小牙指责道："米小圈，你还是不是我兄弟了。"

何伟说：“对了！你们加入好玩联盟，必须**解散**好朋友三人组。”

“啊？为什么？”

“因为加入好玩联盟的同学都是好朋友，我们的宗旨就是，帮助不快乐的人快乐起来。”

铁头数了数，好玩联盟一共十八个同学，铁头提议：“还是别叫好玩联盟了，就叫好朋友十八人组吧。”

其他十七个人拒绝了铁头的提议。

何伟对我们说：“姜小牙、米小圈，还有铁头，谢谢你们。是你们让我得到了快乐，以后我也要帮助其他人快乐。”

我说：“何伟，身为搞笑大王的你，一直都让别人很快乐呀。”

何伟挠挠头：“是吗？呵呵。对了，还有一件好事要

告诉你们，我已经搬去妈妈那里了，和新爸爸，还有弟弟一起生活。”

“太好了，可是你的奶奶怎么办？”姜小牙问道。

“奶奶被三叔接走了，和三婶，还有两个妹妹一起生活。”

太棒了，故事终于有了一个**圆满**的结局，我们好朋友三人组都高兴得跳了起来。

我发现，真正的快乐不是自己在家偷着乐，而是为别人带来快乐。

此刻，我很快乐。

爱上写作的魔法

北猫叔叔

有些小朋友问我，北猫叔叔，你的《米小圈上学记》写得那么好玩，你写作时一定也很快乐吧？

北猫叔叔不能骗你，我写《米小圈上学记》的过程实际上是无比枯燥和痛苦的。为了让你一笑，北猫叔叔必须绞尽脑汁去写作才行。

你可能会问，既然这么苦，那你为什么还要写呢？

原因很简单，我的内心世界需要你来观看。每当你被《米小圈上学记》逗乐的时候，北猫叔叔的内心就小小的喜悦了一下。读者给我带来了巨大的成就感，相比较那创作的痛苦就不算什么了。

你可能会说，北猫叔叔，我们不能再让你再受苦了，以后我不看你的作品了。

别走！给我回来。我都说了，痛苦不算什么了。

其实试想一下，如果《米小圈上学记》出版的时候，没有人愿意看它，没有人愿意鼓掌，大家都在嫌弃米小圈，可能北猫叔叔就真的不写了。

所以，我的读者，是因为你，才让北猫叔叔有了坚持不懈的动力。

同学们，你们在写作文的时候是否也觉得枯燥和痛苦呢？甚至痛恨写作文。

下面北猫叔叔就教你一个魔法，让你爱上写作。

其实这个魔法很简单，就是找到欣赏自己的读者。因为读者可以给我们带来成就感。

你可能会问，我的读者在哪呢？

其实你的读者就在你身边，就是你的爸爸妈妈。

同学们，一篇好文章它不应该被藏在书包里，要拿出来给爸爸妈妈欣赏。只要你的作文被你的读者夸奖了一次，你就获得了写作的成就感，你就会爱上写作文的。

相信我，没错的。

图书在版编目（CIP）数据

搞笑大王来啦 / 北猫著；常耕绘. —成都：四川少年儿童出版社，2018.1（2019.6 重印）
（米小圈上学记）
ISBN 978-7-5365-8779-3

Ⅰ. ①搞… Ⅱ. ①北… ②常… Ⅲ. ①儿童故事—作品集—中国—当代 Ⅳ. ①I287.5

中国版本图书馆 CIP 数据核字（2018）第 008853 号

出版人	常　青
策　划	明　琴　黄　政
责任编辑	明　琴　黄　政
封面设计	米　央
插　图	常　耕
书籍设计	李　煜
责任校对	覃　秀
责任印制	袁学团

GAOXIAO DAWANG LAI LA

书　名	搞笑大王来啦
作　者	北猫
出　版	四川少年儿童出版社
地　址	成都市槐树街 2 号
网　址	http://www.sccph.com.cn
网　店	http://scsnetcbs.tmall.com
经　销	新华书店
图文制作	喜唐平面设计工作室
印　刷	成都勤德印务有限公司
成品尺寸	210mm × 180mm
开　本	24
印　张	6.5
字　数	130 千
版　次	2018 年 3 月第 2 版
印　次	2019 年 6 月第 39 次印刷
书　号	ISBN 978-7-5365-8779-3
定　价	25.00 元

《搞笑大王来啦》读后感

年级　　班　　姓名

年　　月　　日

小朋友们，想把发生在你身边的趣事告诉北猫叔叔吗？

快快拿起手机，给他发送微信吧！等你哟！

找到北猫叔叔

听“米小圈”广播剧

获得米小圈定制文具

抽奖得北猫叔叔签名书

快来扫一扫吧！